JN106174

他人と自分
両方を
愛して
愛される
方法

今池 あすか
IMAIKE Asuka

文芸社

CONTENTS

はじめに　〜人生ゲーム〜

この世界は人生ゲームであると私は考える
人生ゲームの中で「人間」としてたまたま生まれ生きている

前世は猫だったかもしれない
来世は石かもしれない

「人間」は考えられる頭があり　感情がある
目があり　耳があり口がある人が多い

それ故にときには考えすぎたり　悩んだり
ケンカしたりもする
笑ったり　感動したり　幸せを感じたりもする

せっかく「人間」としてこの世界に生まれたのならば
「人間」を満喫したいし楽しみたい

人間でなければできないことをたくさんして人生充実させたい

*

この世界で人間として生きていくのなら

「人間関係」「対人関係」はどうしても切り離せない
どこに行っても何をしても
人と関わることは必ず起こることである
そして何より「人」から学ぶことはとても多く
「人」と関わることで　救われ満たされる

しかし　一番トラブルが多くストレスがたまり
悩まされるのも「人」である
「人」と関わることで傷つき　苦しみ
心が沈んでしまうことも多い

どうせ逃げられないことならば
できるだけ「幸せ」を多く感じたい
「人」は怖いけど好き
苦手だけど関わりたい
関わらなければならない
そういう人は　少なくない

「人」は感情があり　頭で考え　行動できる
優れているが故に　たくさんの幸せも困難も起こる

私は未だに「人」が怖くて　好きで　不思議で
終わりのない未知なるものだと思っている
「十人十色」この言葉通り
人は一人ひとりちがい　誰一人同じ人はいない

はじめに　〜人生ゲーム〜　　7

人間関係をうまくする為には
「一人ひとりをしっかりと見て知る」ことだ
誰かと仲良くなりたい　うまくやりたいのならば
その人の裏側まで知ろうとすることだ
人は表に出ているものが本当の姿とは限らない
人は隠せる頭があり　心とは逆の表情ができ
言葉を発せられる
笑っている人が　心の中で笑っているとは限らない
ポジティブな言葉をよく言う人が
ポジティブな性格とは限らない
無口だと感じる人が
本当はすごくおしゃべりが好きな人かもしれない

人は知識があり　どうすれば好かれるか
どうすれば　平和になるのかもよく知っている
大人になればなるほど　人は学び　自分を変えられる
経験値をつめばつむほど　人の性格は変わり
そうならざるを得なかった人もいる

よく怒る人がなぜ怒るのか
昔からその性格だったのだろうか
この人がこうなってしまったのには
何か原因があるのではないだろうか

表に出ていることが全てではない
今の姿が本当の姿だとは限らない

本当はもっと優しくて温かくて
笑顔が似合う人なのかもしれない

私は笑っている顔が好きだ
いつも下がっている口角を上げてあげられたら
いつもよっている眉間のシワを
一時でもとってあげられたら

相手の「本当の笑顔」を引き出せたとき
私は心の中で秘かにガッツポーズをする

*

私は子どもの頃から　本当に人間関係をつくるのが苦手で
「人」とのトラブルは歯みがきをするのと同じくらい
当たり前だった

誰も信用できなくなり　自分を見失い
「人」と関わることが怖くなったこともある
しかし　色々なことを乗り越えて
人とうまくやる方法を見つけた
そして自分を保ちながら

相手と心の底から仲良くなることができるようになった
怖かった人間関係が　必要不可欠なものになり
どんな人とも仲良くなれる自信と
どんな人でも愛せるという確心を手に入れた

今でも人への追究は止まらないが
確実に言えることは
私は人が好きであるということだ

どんな人からでも学ぶことはたくさんある
「人」は知識の宝庫であり
自分を進化させてくれるパワーアイテムである
時には心を救ってくれるお薬でもあり
尻をたたいてくれる鞭にもなる

人は誰一人として雑にしてはならず
何よりも大切にしなければならない
なぜならば　自分が自分であるのと同じように
その人もその人であり同じように生きているからだ
魂があり　感情があり　もろく壊れやすい

＊

人と関わると必ずトラブルがセットのようについてきた
人に悩まされ　人を悩まし　関わることが怖くなり

信用できなくなった私が
28年間で学んだ人とのつき合い方と
「人間」というものについて

自分を見失い他人軸だった自分が
自分を取り戻したいきさつを含め

自分も相手も平和でハッピーになりたい！
を目指した私の方法である

人と平和に
暮らす為に
私が
実践したこと

① 表面の姿が本当の姿とは限らない、相手を知ること

先ほども少し申し上げた通り　人は優れている
頭で考え　自分をコントロールでき　どんな姿にも変われる

表情　声　しぐさ　行動　発する言葉
大人になり　知識や経験が増え
自分のありのままを表に出さなくなる人
出せなくなる人は少なくない

人の多くは平和を好む
自分がどう振る舞えば　物事がうまくいくかは
嫌でも身についていく
どんな人が好かれるかは　何となくわかってしまい
自信がない人ほど自分を隠し　偽る

なんとなくその人と関わっているだけでは
相手の仮面にだまされ　見抜くことは難しい
表の仮面にだまされている方が幸せな場合もある
裏の顔を知ってしまったが為に悩むこともある

私はその人の隠された部分をも知り

受け入れて　いきたいと思った
相手が　心の中ではこうしてほしいと思っていることに
気づいてあげたいと思った
全ての人が　自分の意見を言えるわけではないからだ
端から見れば考えすぎ　憶病などと思うかもしれないが
その人はそういう人でそういうところがある　その人なのだ

ただ　気をつけなければならないこともある

裏側に気づかれたくない人もいるということだ
または　人によっては　この部分は気づいてほしいが
この部分は気づかれたくないという部屋があるということだ

自分が見つけたと思った裏の部分ですら　偽りの場合もある
人はどこまでも答えというものはない

だからこそ　相手をよく見て知ることが大切である
この人は何をしたら喜び　何をしたら悲しむのか
これも一人ひとりちがうのである

自分がされて嬉しいことが相手を喜ばすとは限らない
「その人」を知ろうとすることが第一歩である

Aさんが喜んだことをBさんにして
Bさんが喜ぶとは限らない

「一人ひとりちがう」ということだ

相手をよく知り　何をしたら喜ぶのか
何が嫌いで　どのような行動が傷つくのか
どういう性格で　どのように振る舞ったら
心の底からありがたいと思ってくれるのか

この人がこう振る舞う理由は何だろうか
本当はどう思い　何を望んでいるのか
この言葉の本当の意味は何だろうか

人はそう簡単なものではない
人はそう単純なものでもない

人を知ろうとすると　人をよく見るようになる
人を見るようになると　自分の中で
いくつかの人間図鑑をつくることができる

例えば　Ａさんはいつも笑顔だが
本当はすごく悲しい過去を乗り越えていたと知る
では　いつも笑顔のＣさんやＥさんは？
全くちがう人同士でも　同じようなしぐさをするこの人は
あの人と同じところがあるかもしれないと

人は一人ひとりちがうが　似ている部分や同じ部分

パターン等は少なからずある

色々な人に出会い　知ることで

ある程度のパターンが見えてくることもある

② その人を受け入れる

まず　どんな人でも「拒否」から入ってしまったら
そこで終了である
まずは　どんな人でも一度目を向けてみる
受け入れられなくても
「受け入れようとする気持ち」を持つことだ

自分に害を与えてくる人
自分と合わない人
たくさん世の中にはいる
そういう人に出会ったときに考えることは
「なぜか」だ
なぜ害を与えてくるのか
なぜ合わないと感じるのか

私はこれまで自分と合わない人　関わりたくない人
言葉がきつい人　嫌いだと感じる人に　たくさん出会ってきた
出会って感じたときに
なぜ自分は　この人と関わりたくないと感じているのか
この人のどのようなところが嫌だと思うのか
なぜこの人は　対人に対してこんな言葉づかいをするのか
本当にそう思っているのかと考えるようにしてきた

そうすると　自分のこともよく知ることができる
自分はこういう人のこういうところが好きになれないと
この言葉は人を傷つけるなと知ることができる
知ることができたら反面教師にして
この言葉は使わないようにしよう！
こういう態度はとらないようにしようと
新しく学ぶことができる

「人の振り見て我が振り直せ」とはこのことだ
最初から拒否して遠ざけてはこの学ぶ機会を失うことになる

受け入れることの大切さは他にもある

受け入れることで
その人の良いところも知ることができるのだ
出会って「あ　この人とは合わない」と思ったとき
大体は相手の嫌な部分に目がいっており
嫌な部分ばかりが気になってしまっていると思う

人の多くは　良いところよりも悪いところ
欠点に目がいきやすい
相手の８割が悪いところ　良いところが２割の人間だったら
なおさら８割の方に目がいくだろう

しかし　いったん受け入れようとすることで

相手の奥底にある２割の良いところを
見つけられるかもしれない

「この人はこういう人だと思っていたが
こんな良いところもあるのか」と
その人の見方が変わる第一歩に繋がる

相手は自分の鏡である
自分が相手を嫌だと拒否していたら　相手も自分を拒否する
自分が相手に心を開かなければ　相手も自分に心を閉ざす

私が実行した究極の対応は　相手に拒まれても
「私は好きだけどね」と　強く思い
めげずに近寄り続けることだ
なかなかのメンタルが必要だが　これはけっこう使える

けっきょくは自分の気持ちの通りになる
嫌だと思えば嫌われる　自分が相手を受け入れれば
相手も自分を受け入れてくれるのだ

感情や心の内は表情や態度に出やすい

嘘でもいいと思うなら　嘘でも心の底から思い
自分はそう思っていると自分に言いきかせる必要がある
だが　これは自分に嘘をつくという行為で

自分の感情を見失いやすい

行きすぎると嫌なことも嫌だと感じなくなるところまでいく

そうならない為にも　相手の良いところを探して

より多く見つけ　心の底からこの人は本当に良い人なのだと

自分も納得できるように思うことだ

自分に嘘をついてまで　人とうまくやる必要はない

自分を見失ってまで　人を受け入れようとする必要はない

それでもうまくやっていかなければならない

受け入れたいと思うのならば

自分を納得させられる材料を自分で集めるのだ

どうがんばっても　自分の最善の策をねっても

全てを費やしても相手を受け入れられなければ

開き直って受け入れられなかった！　でいいのだ

③ 相手が望んでいることは何だろう

人の多くは　楽さ　自由　喜び　感動　を求める

何かをしてもらってすごく嬉しいと感じたこと
この人といるのは楽だな　落ち着くな
と思ったことはあるだろう

自分が人々にそれらを与える側になれば
自然と人は寄ってくる
この人ともっと一緒にいたいと思うだろう

逆に悲しい　苦しい　怖いと思う人と一緒にいたいと
あなたは思うだろうか
この人といるとなぜか緊張するという人と
仲良くなりたいだろうか

相手の立場になって考えることで
自分の行動や発言が変わる
自分を客観視することで　見えてくるものがある

どういう人に寄ってきてほしいか
怖い顔の人のところには　怖い顔の人しか寄ってこない

自分のことしか考えていない人のところには
自分のことしか考えていない人が寄ってくる

自分の近くに寄ってきてほしい人に自分がなれば
自然と同じような人が集まる
「類は友を呼ぶ」だ

そして自分の行いは　必ず　どのような形であれ返ってくる
愛が欲しければ　人に愛を与える
人の喜びは　自分の喜びとなって返ってくる

望んでいることは一人ひとりちがう
自分で良かれと思って行っていることが
逆に相手を困らせていたり
窮屈に感じさせてしまうこともある

間違わないでほしいのは
自己満足にならないことだ

「ありがた迷惑」という言葉をよく聞く
求めている以上のことをしたり
ありがたいことだが　タイミングを見誤ったりすると
逆にいらない余計なお世話になるのだ

相手がどういう人で　どのタイミングで何を求めているのか

気をつかったり　丁寧な対応はありがたいことだが
仲良くしたいのにいつまでも敬語で話されたり
気をつかわれすぎたりすると逆に窮屈に感じる

逆に仲良くなりたくて距離を縮めにいったが
相手が上下関係を重視する人であったり
最初からグイグイくる人が苦手な場合は
より距離をあけてしまうこともある

よく相手を観察すること
自分が良いと思っていることが全てではないのだ

④ 固定観念をとり払う

「この人はこういう人だ」と意識してしまうと
不思議と「こういう人」としか思えなくなる
また　自分の思っていた姿ではない姿を見たときに
違和感を覚え　時には不満が生まれる

自分が成長しているように　相手も成長する
自分に機嫌や気分があるように　相手にも機嫌や気分がある
自分が色々な面を持ち合わせているように
相手にも色々な面がある

人によっては　朝と昼で性格が変わる人もいる
人によって態度を変える人もいる
一日ちがうだけで別人になる人もいる
でも全てその人であり　ちがう面を見たからと言って
否定したりおどろくことではない
自分が相手をまだ知らなかっただけである

どんな姿でも　その人はその人であり
それを知った上で　関われば良いだけの話だ
「あなたはそんな人ではない」という言葉は
一番相手をガッカリさせる

「この人は自分を知っていてくれなかったどころか
受け入れてもくれないのだ」と思うだろう

相手の良いところ　悪いところ
不思議なところ　すごいところ
その人の全てを知るところからがスタートである

「この人はこういう人」という答えは最後まで出ないと思う
人は環境で良くも悪くも柔軟に変化する

人が変わるように自分も変えられる
固定観念を持たず　相手の見せる様々な表情を楽しもう
態度が変わったのはなぜか
自分に少しずつ心を開いてくれているサインかもしれない
あの人との扱いのちがいは何だろうか
この人は昼食を食べたら元気になるな
朝が弱い人なのかもしれない
この人は余裕があるときは優しいけれど
せっぱつまると言葉が荒くなる等

相手の色々な面を知ることで
自分の中で対策ができることもある
「今は余裕がないから話しかけるのはやめておこう」
「朝が弱い人かもしれないからお願い事は昼食後にしよう」
等

相手を柔軟に受け入れ様々な面に気づき知ることで
無駄に相手を不機嫌にさせることもなく
不機嫌になった相手からやつ当たりをされることもなく
平和が増えるのだ

タイミングはとても大切
タイミングを間違わない為にも相手をよく知ることだ
柔軟な頭の為には自分でつくり上げたガチガチの固定概念は
邪魔にしかならない

SECTION

21

言葉とうまく
つき合って
いく

① 素直に言葉にすること

人はテレパシーを使えない
思っているだけでは伝わらない
どんなに感謝をしていても
「ありがとう」と言葉にしないと相手には伝わらない
どんなに申し訳ないと思っていても
「ごめんなさい」と言葉にしなければ伝わらない

伝わらなければ　思っていないのと同じである
思っているなら伝えれば良いのだ

物をもらうよりも一言でいいから言葉をもらう方が嬉しい
物をもらうよりも言葉をもらう方が安心する

何かやってほしいとき
こうしてほしいという願望がある場合もそうである
思っているだけでは相手に伝わらない
伝えてもいないのにああしてくれない
こうしてくれないと不満を言うのはちがう
「察する」という行為は
こういうときに使わなくて良いと思う
人には口があり声が出る　手があり字が書ける人が多いはず

相手に察してもらうなんて　傲慢ですごく自分勝手だ
伝える勇気もないくせに人にばかり求めてはいけない

人間はコミュニケーションがとれるのだ
何の為に口があり　何の為に目や耳がついているのか

ここで気をつけなければいけないのは
何でもかんでも素直に思った通りに伝えれば良いというわけ
ではない

大切なのは
言い方　タイミング　相手の状況である

言っていることは間違っていなくても
言い方一つでケンカになることもある
伝えるタイミングが悪ければ、伝わらないこともある
どんなに良い言葉をかけても
相手の状況が良くなかったら響かないこともある

素直に言葉を伝えることはとても大切だ
しかし　どのような言い方で　どんなタイミングで
今　相手の状況はどうかを見て伝えなければ
逆効果になってしまうこともある

自分だったらどのような言い方　言葉選び　表情だと

嬉しいか　伝わりやすいか
相手をよく観察して　今このタイミングなら
聞いてもらえるか　はっきり伝わるか
相手のテンション　気分は今どうか
この言葉を言って良いかどうか

言葉は時に心を救い　温かく優しくつつみ込む
勇気をくれて前を向かせてくれる
しかし言葉は刃にも棘にもなる
言葉の一つひとつをよく考えて発することが大切である

② 「ありがたい」を
　　口グセにして変わったこと

企業に勤めたときに　何もかもが嫌になったし
全てに不満だった
このままでは自分が辛いと思い
全てに「ありがてえなぁ」とつけ加えてみた
そうすると　不思議と全てが
ありがたく感じられるようになった
当たり前だったことも当たり前ではないことに気づかされた
自然と「ありがてえ」と思えることを自分で探すようになり
気づけるようになった

そのときは何かにかまわず「ありがてえ」と言っていたし
思っていなくても語尾につけていた
何か嫌なことがあっても
「ありがたいこと」が勝っていたから
乗り越えられたし耐えられた
全てが嫌になることはなかった

言っているうちに何でもかんでもありがたく思えて
ときには人に「そんなことで!!」と言われたこともあったが
本当に全てがありがたくなっていた
だから　少しのことでも幸せに感じられることが増えて

不満を感じることはなくなった

自分が不満に思っていたこと
当たり前だと思っていたことがどれだけありがたくて
当たり前なんかではなかったか
過去をふり返って　自分のたどってきた道の中でも
「ありがてえ」を探すようになった

そうすると「あのときはありがとう」と
言葉にできるようになったし
ありがたすぎて自然と伝えたくなった
今　近くにいてくれる人に
本当に心の底から感謝できるようになった

環境や状況が変わったわけではないと思う
ただ自分の見え方が　捉え方が変わったのだ

小さなことを幸せだと思える幸せ
小さなことにも心の底から感謝できる幸せ
大きな幸せも幸せだけど
毎日の小さな幸せが積み重なったら
とても大きな幸せになるし　毎日が幸せだ

この世界に当たり前や普通はないことに気づいた
周りにいてくれる人がどれだけありがたいか

自分のいる環境がどれだけ恵まれているか

自分に立ちはだかった苦難や困難　壁　辛いこと悲しいこと
も今思えば自分を成長させてくれたものであり　ありがたい
そう思うと　また困難が目の前に来ても
これを乗り越えたら自分はまた進化できるかもと思える

どんなことも幸せになる為に起きる
全てに感謝し　全てを受け入れていけば
必ず見える景色がちがってくる

自分を幸せにしてくれる存在
自分に「ありがたい」と思わせてくれる存在には
自然と優しくしたいと思えるし　優しくなる
大切にしたいと思い行動や言葉が変わる

大切にしなきゃ　優しくしなきゃと思うのではなく
自分の周りを見渡して　ありがたいものを探すだけで良い
自然と感情は生まれてくる
「ありがとう」という言葉は人間関係も良好にする

何かしてもらったときに「ありがとう」
そんなこと頼んでいないと思っても「ありがとう」
なぜなら相手はしてあげたと思っているから
意見があるときは「ありがとう」を先に言ってから

意見を言うのとそうでないのとでは全くちがう
相手の小さな行動に「ありがとう」と言えるようになると
相手は気づいてくれた嬉しさや
自分では当たり前に行っていた行動でも
誰かを喜ばせられたのだという充足感や
様々な嬉しい感情を与えられる

人の行動に当たり前や普通はない
自分が当たり前だと思っても知らないだけで
意外とできない人が多いのが世の中である
世の中の仕組みも当たり前や普通はない
今いる環境が特別なものであること
それを引き寄せたのは自分であること

全てのことがありがたいことであり
特別なことであるとわかれば
それができる自分は素晴らしいし
それを引き寄せた自分に誇りを持っていい

それをしてくれる相手はすごい人で
それをさせてくれる世の中はありがたいのだ

「ありがとう」を言われて嫌な思いをする人はいない

「ありがとう」の一言は自分も相手も幸せになれて

見え方や捉え方も変えてくれる魔法の言葉だと私は思う

③ できないことを
「できない」と言えること

私はかっこいい女になりたかった
自分の弱いところやできないこと
失敗したことが恥ずかしくて隠す人間だった
強がっていたなぁと思う

職場でなぜか愛されている人を見てみると
自分の弱いところを隠すどころか
逆にネタにしていることに気づいた
愛されるならと私も真似してみると
人がどんどん寄ってきた　周りが笑顔であふれた
なぜか好かれた
何より自分の心が楽になったようにも感じた
今までは「できる自分」を
無理してつくろうとしていたのだと気づいた
できないと認めると　助けてくれる人が寄ってきてくれたり
できるようになるにはどうしたら良いか考えるようになった
できるようになる為には
「できない」ということをまず認めること
できない自分と向き合うのがスタートなのだと気づいた
成功するには失敗した現実と向き合うこと
なぜ失敗したかを考えることだと思う

強がっていたときの自分は　できる自分でいたくて
できない自分を見ようとしなかったのだ
失敗したことが恥ずかしくて　なかったことにしたのだ
弱いところを見ようともせず　無視していたのだ
自分はできていないのだと認めないと解決策を考えない
解決策を考えないとできるようにもならない

完璧な人間は素晴らしいけれど人間である限り
得意　不得意は必ずある
好き嫌いもあるし　苦手なこともある
失敗は行動した証拠である
失敗を恐れて行動しないと失敗もないが成功もない

何でもできる完璧な人よりも
少しできない人の方がかわいく思えたりもする
できるようにがんばっている姿は応援したくなる
大切なことは隠すことでもなく
できないのにできるフリをすることでもなく
自分を認めてあげて
できるようにがんばっていくことが何より大切だと気づいた
できない人や持っていない人　弱いところがある人は
できる人や持っている人　強い人よりも
同じようにできない人の気持ちがわかってあげられる
自分ができないからできるになったことは

どうすればできるようになるかも教えてあげられる

一番は経験であり　行動である

調べただけの人や成功しかしていない人は

知識だけだったり　できない人の気持ちがわからない

失敗して　悩んで考えて　行動して成功したとき

人は自信になる

自信をつけるにはできない自分

弱いところがある自分をまず認めて受け入れてあげる

そして　どうすればそれができるようになるかを

考えてやってみる

失敗したら何が足りなかったのかまた考えて

また行動してみればいい

自分で乗り越えた分だけ自信に繋がる

立ち向かっていった分だけ強くなる

自信は自分でつくるものだと思う

失敗は話のネタにできることもあり

自分の自信に繋げることもできる

失敗や経験をした人が一番そのことを知っているし

一番強いし　一番そのことを語っていい人だと私は思う

ときに頼ることも大切

自分で考えても答えがわからないことも人に聞くと

案外簡単に見つかることもある

見つけ出した自分の答えが間違っていたときに

正してくれることもある
もっと簡単な答えを教えてくれることもある

本当にかっこいい人は自分のできることはやる
得意なことは極める　苦手なことは苦手だと認めている
自分で考え　時には人に頼ることのできる人

④ 言葉にすることの大切さ

私はトラブルがあまり好きではない
できれば毎日平和に暮らしたいと思っている
自分が我慢すれば丸くおさまることは
グッとこらえることができるし
思っていても誰かが代わりに言ってくれるのであれば
自分は黙っていたいタイプである
できれば目立ちたくないし「良い人」でいたい

誰かと誰かが揉めていても遠目で見ていたし
自分とちがう意見でも笑って「そうですね」と言っていた

自分では平和主義と思っていたが
単に嫌われたくない気持ちと
自分に自信がないから自分の言葉を表に出せなかったのだと
今なら言える

常に頭の中は自分の言葉だらけ
思っていることはたくさんあったのだ
素の自分を出すことはなく
深い繋がりになると苦しくなる自分がいた
関わる回数や長くいる時間が増えると
いつまでも自分を偽っていられないからだ

伝えたいことがあっても日頃伝えていないから
タイミングを見失ったり　言葉選びに失敗したりして
思っていた通りに伝わらなかったりもした

しかし「何も言わない」「見て見ぬフリをする」ことが
全て良いわけではないこと　本当の優しさではないこと

自分の代わりに誰かが言ってくれたとしたら
その場合　自分は良い人で終わるが
言ってくれた人は一人で責任を負ったり
言われた人に悪く思われる役割を
一人で背負うかもしれないこと

誰も声を上げなかったら状況は何も変らないこと

自分が合わせる為に放った「そうですね」で
傷つく人がいるかもしれないこと

間違っていることをちがうと教えることも優しさであること

自分の素直な言葉で救われる人がいること

言った後悔よりも言わなかった後悔の方が大きいこと
いつでも伝えられるわけではないこと

同じことを言っても響くタイミングと
そうでないタイミングがあること

自分に嘘をついたり　ちがう言葉を出したりした方が
納得しない自分がいること
後で苦しくなる自分がいること

大切な人　好きな人
長く関わっていきたい人ならとくにそうだ
自分を出して　言葉にして伝えて
時にはぶつかっていくことも大切だ

言葉よりも行動だとよく言われるし　私もそうだと思う
言葉だけで行動しなかったり
言っていることとやっていることが合っていないことは
よくない

しかし　言葉にしないと伝わらないことも事実である
人はテレパシーを使えない
「察する」ということは難しいことである

伝えるときに大切なことは「言葉選び」と「タイミング」だ

「言っていることはわかるけどそんな言い方しなくても」
「言っていることはわかるけど今言わないでほしかった」

どのような言葉で伝えたら相手が耳を傾けてくれるのか
自分だったらどういう言葉が嬉しいか
どういう言葉なら聞こうと思うか

相手の状況や環境をよく見て
いつ伝えたら聞いてくれるか　響かせられるか
自分だったら　どういうときなら人の意見に耳を傾けるか
落ち着いて聞けるか

思っていても言葉にしなければ伝わらない
伝わらなければ　悪く思われることはないだろうが
良く思われることもない
人間は察する能力は持ち合わせていない

言葉にすることは怖い
嫌われたり　人が離れたり　幻滅されたりもする
しかし言葉にすることで　深まる仲もある
良い方向に見方を変えられることもある
そして　理解者が増えたり　味方が増えたりもする
何より自分に嘘をつかないことで自分自身が喜ぶのだ

⑤ 言葉にしない大切さ

言葉にする大切さもあるが言葉にしない大切さもある

私は自分の立場や立ち位置　相手の状況
自信のありなしでよく判断する

何でもかんでも言葉にすれば良いわけではない
いつでもどこでも前に出て良いわけではない
正しいからと言って何でも声に出していいわけでもない
自分は本当にその言葉を発せられる立場か
自分は自信を持ってこの言葉を声に出せるか
相手の状況はどうか　自分を出して大丈夫か

「お前が言うな」「今じゃない」
「言葉の根拠は？」「本当に思っているのか？」

立場で立ち位置はとても大切
入ったばかりの新人が
その道〇年のベテランに物を申すことに対して
やはり先輩は先輩であり
自分が知らないことも相手は経験し　乗り越え
そして今にいたることを忘れてはいけない

自分がよく知りもしないのに語ったり
物言うことも失礼である
自信があっても一度疑うことも大切であるし
相手の意見には耳を傾けることは絶対だ

逆にベテランが　新人に対して
自分がわかっていることが相手もわかると思ってはいけない
自分は経験し乗り越えわかっていることも
まだ経験していない者は思いつきもしない
時には気づくまで待つ
言われてやるよりも　自分で気づいて行動にうつした方が
本人は感動し　自信が持てること
期待をしてはいけない　自分と同じだと思ってはいけない
気づいたりできるようになるには時間がかかり
人によってタイミングもちがう
自分が最初そうだったように

できるようになる為にヒントを少しずつ与えて導いていく
時には自分が変わり　自分が動く

相手がどのようにしたら　気づけるか
考えてくれるかを考える
昔の自分がどのような声かけや状況だったら
気づけたか　考えたかを考える

沈黙はとても大切
人に言われて動くよりも
自分で考えて答えを見つけ出した方が得るものも多い
あえて言葉にしないことで平和になることもある
そのとき　表に出さず見つめ直したことで
見えなかったものに気づくこともある

思ったことを一度考えて
「自分が今　それを言って良いのか」と問う

もっとちがう考え方はないか　なかったか
他の選択肢はないか　なかったか

言葉にしなくても自分のそのときの感情は受け入れる
なしにはしない

セルフラブ

〜自分という一人の人間〜

① 自分の心の声に耳を傾ける

最近では　相手の望んでいることを優先しすぎて
自分を犠牲にしている人が多い
自己犠牲というものだ

これは　他人軸になりすぎて自分をおろそかにする行為だ

人が喜んだとしても自分が苦しいのでは意味がない

関わっている全ての人につくしすぎて
いっぱいいっぱいになっている人もいる

ここで重要なのは順番だ
自分にとって誰が一番大切なのかをよく考えることである
その人を大切にして自分が幸せかどうか
相手が自分にどのくらいの幸せを与えてくれたかだ
例えば　辛いときは支えてくれて　話も聞いてくれて
一緒にいたいと思う親友と　顔しか知らない同僚では
どちらを大切にしたいと思うだろうか

人のエネルギーも時間もお金も無限ではなく有限だ
その限りのあるものを何に費やすか

ここで気にしてほしいのが「自分」という存在だ
人は大切にすれば大切にしてくれる
人は望むことをすれば喜んでくれると知った
「自分」も一人の人間であることに気づいてほしい
そして生まれたときから今まで
思うように動いてくれた　支えてくれた
朝から晩まで自分の側にいてくれたのは誰だろうか
「自分」だ

そして自分が壊れてしまったら
あなたが守りたい愛する人をも守れないと気づこう

実は私も　自己犠牲の塊のような人間だった
当時は　人の為に動くことが全てだと思っていたし
人の為に動いている自分が好きだった
自分が我慢して相手が喜ぶのなら良いと思っていたし
それで平和になるならと思っていた

挙句のはてに　何もしていない自分がご褒美をもらったり
おいしいものを食べたりしてはいけないとすら思った
特技は自分の感情を無にすること
全てをポジティブ変換し　前向きに捉えることだ
弱音やマイナスな発言をしてはならない
全てに感謝し受け入れる「仕事があるだけありがたい」と
無理にでも思っていた

みんなは夜遅くまで仕事をがんばっているのに
定時で帰る自分はみんなよりもがんばっていない
一番楽をしていて申し訳ない

飲み会や集まりでも
自分はどう振る舞えばみんなは楽しめるかを常に考え
「自分が楽しむこと」をおろそかにしていたと今では思う
家に帰れば「あの言葉は良かっただろうか」
「相手は楽しかっただろうか」と一人反省会

ダイエットをしていたときも
過度な筋肉トレーニングと有酸素運動をして
食べたいものも太るからと食べず　良く言えばストイック
悪く言えば　自分に厳しい人間だった

そんな私がハッとした言葉が
「今、自分が自分にしていることを　仲の良い親友にやれと
言えるか？」という問いだ
私は即「できない」と思った

もし大切な家族や親友が
あのときの私のような行動をしていたら
私はすぐに「やめろ」と言うだろう
もっと自分を大切にしてほしいと願うだろう

そう思った瞬間に　自分は自分であるが一人の人間であり
どんなときも自分を支えてくれた最高のパートナーであると
気づかされた

今までどれだけひどいことをしてきたのだろう
あんなにひどいことをしても
今こうして健康に私を生かしてくれているのだと気づいた

それから私は自分の心にフタをするのをやめた
自分と向き合うことはすごく難しく怖かった
しかし　向き合ったからこそ自分が本当はどういう人間で
何が好きで　どうしたいかが見えた

自分の大切さに気づいても人への考えは変わらない
順番が変わっただけである

自分の行いはどんな形であれ返ってくる
人に与えられる人間は与えてもらえる
自分も同じだ　自分を幸せにしてあげれば幸せが返ってくる

② 立ち止まってわかること

正社員を辞めた後の１年間　私は前を向けなかった

何をしてもなぜか「ちがう」という感覚

やっとの思いで辞めて

これからバラ色の人生だと思っていたのに

そのときに出会ったのが"セルフラブ"である

セルフラブを学んで思ったことは

正社員時代　人の為に生きすぎて

自分をおろそかにしすぎていたこと

自分を無視し続けていたこと

そのときの私は自分のことを人に話せなかった

何を話していいかわからないくらい

自分のことがわかっていなかったからだ

得意なことや長所が一番わからなかった

「ない」と思っていたからだ

向き合わなすぎて　無視しすぎて

それが当たり前になっていた

気づけないくらい　自分の存在が見えていなかったのだ

習慣は良くも悪くもそれが普通になる

私は自分よりも他人で生きることが自分の中で普通になり

苦でなくなっていた

過去のこともあり　自分を優先すること

自分の気持ちを出すことが怖かったのだと思う
他人の喜ぶことをしたら人間関係がうまくいったから
うまくいったことが嬉しくて
どんなときもそればかり考え　実行していた
どんなときもだ
"自分に厳しく　他人に優しく""自己犠牲の魂"
この言葉がすごく似合っていた人間

セルフラブで問われた一言
「自分が自分にしていることを大切な人にできるか！」

私はハッとなった　「できない」とすぐに答えが出たから

他人と同じように自分も一人の人間なのだと
私が好きで愛されたいと願った「人」
その為にたくさん学んで大切にしてきた「人」
関われば関わるほど
かけがえのない存在になっていった周りの「人」
自分は？　いつから近くにいてくれた？
どれだけのわがままを叶えてくれた？
一番大切にしなければならなかった「人」は自分だと
気づいた瞬間だった

それから私は自分に再び向き合った
昔とはちがう　自己中心的な考えではなく

人を大切にした上で自分も大切にすること

自分が当たり前に行ってきたこと
普通にやってきたことが当たり前ではなかったこと
意外と他の人はできないこと
それを知ると自然と自分に自信が持てるようになり
自分の得意なこと　好きなこと　性格を知ることができた
課題や苦手なことも改めて見つけることができた

人の為に動くこと　人のことを考えることは大切なことだ
人の為に動ける人には運も人も味方する
しかし　それは自分の心にゆとりがあるときで良いと思う

前を向けるとき　自分が満たされた上で行う行動であり
自然に「したい」と思えるとき
人に優しくする為に自分を満たす
人のことを考えられる
動けるように自分の余裕を自分でつくる

心に余裕がないときは立ち止まっても良いし
下を向いて良い　自分を守ることを優先していい
その時間に得ることもあるから
その時間は必要だからおとずれる

この一年は私が私の為につかった一年であり

自分を知れた一年である
立ち止まらなければわからなかった　自分を受け入れること
自分を許すこと　自分を幸せにする大切さ

周りの人間も変わった気がする
他人の為に生きていたときは
私を利用しようとする人が多かった
自分を大切にして嫌なものは嫌だと言えるようになると
そういう人は遠のいたし　自分で離れられた

自分のことだけを考えている人よりも
他人のことだけを考えている人よりも
自分も他人も大切にしている人が
一番美しくて強いのだと気づいた

③ 唯一嫌いな人に出会った話

人の良い所を探し　どんな人もまずは受け入れてみる
表面上の顔　姿だけでなく　裏の裏まで見ようとする
その人の本当の姿を知ろうとすることで
大体どんな人でも仲良くなれたし
嫌いで絶対に関わりたくないと思う人はいなくなった
苦手だな　合わないなと思っても
ほんの少しの良い所で　関わることはできたし
嫌なところがあっても好きなところも見つけられていた

表面だけがその人ではないと知っているから
最初の印象や
まだ自分はこの人のことをあまり知らないと思えば
嫌にはならなかったし　大概関わっていくうちに
良い所が見つかり好きになったり
助けたいと思えるようになった

しかし　唯一　好きになれず
関われば関わるほど嫌なところが増える人物が現れた
嫌いになりたくなくて良い所を探しても
どうしても消えてしまったり　見つからなかった

あるとき　相手のピンチの場面があった

郵 便 は が き

160-8791

141

東京都新宿区新宿1－10－1

(株)文芸社

愛読者カード係 行

||||||・||||・|||・||||・||||・||・||・|||・||・|・|・|・|・||・||・|・|・|・||・|・|・|・|

ふりがな お名前		明治　大正 昭和　平成	年生　　歳
ふりがな ご住所	□□□-□□□□	性別 男・女	
お電話 番　号	（書籍ご注文の際に必要です）	ご職業	
E-mail			

ご購読雑誌（複数可）	ご購読新聞
	新聞

最近読んでおもしろかった本や今後、とりあげてほしいテーマをお教えください。

ご自分の研究成果や経験、お考え等を出版してみたいというお気持ちはありますか。

ある　　　　ない　　　　内容・テーマ（　　　　　　　　　　　　　　　　　　）

現在完成した作品をお持ちですか。

ある　　　　ない　　　　ジャンル・原稿量（　　　　　　　　　　　　　　　　）

書　名							
お買上 書　店	都道 府県	市区 郡	書店名				書店
			ご購入日	年	月		日

本書をどこでお知りになりましたか?
　1.書店店頭　2.知人にすすめられて　3.インターネット(サイト名　　　　　　　　)
　4.DMハガキ　5.広告、記事を見て(新聞、雑誌名　　　　　　　　　　　　　　　　)

上の質問に関連して、ご購入の決め手となったのは?
　1.タイトル　2.著者　3.内容　4.カバーデザイン　5.帯
　その他ご自由にお書きください。
　(　　　　　　　　　　　　　　　　　　　　　　　　　　　　　　　　　　　　　)

本書についてのご意見、ご感想をお聞かせください。
①内容について

②カバー、タイトル、帯について

弊社Webサイトからもご意見、ご感想をお寄せいただけます。

ご協力ありがとうございました。
※お寄せいただいたご意見、ご感想は新聞広告等で匿名にて使わせていただくことがあります。
※お客様の個人情報は、小社からの連絡のみに使用します。社外に提供することは一切ありません。

■書籍のご注文は、お近くの書店または、ブックサービス(☎0120-29-9625)、
**　セブンネットショッピング(http://7net.omni7.jp/)にお申し込み下さい。**

それが原因で相手は職場を辞めた
いつもの私なら助けたであろう
助けられる行動も言葉も　このときの私はわかっていた
でも助けなかった　見捨てた

後でたくさん考えた
あのときの自分はなぜ動かなかったのだろう
知識もあった
どうすれば助けられるかもわかっていたのに

そのときにハッとした
「自分はその人のことが嫌いだったのだ」と

久しぶりに「誰かを嫌いになる」という感情だったのだ
考えて考えて
後で気づかされるくらいに忘れていた感情だった

次に考えた「なぜそんなに嫌いだったのか」と
一緒に仕事をしていても好きになれず
いつもなら見つかる良い所も一瞬で消えてしまう
いつもならできることができなかった

ハッとした「昔の自分にそっくりだったのだ」と

私は昔の自分が嫌で　変わりたくて

変わらざるを得ない状況になり変われた
逃げられない状況まで追い込まれて
乗り越えたら変わっていた

昔の自分にそっくりだったその人
助けなかったのは　その人がその状況で
どんな行動をとるか　見たかったからだ
見捨てたのは　甘やかしては
その人は変われないと思ったからだ
なぜなら自分がそうだったから

自分を変えるというのは難しい
自分を変えたいと思わないとまず変われないし
自分の何がいけなかったのか
どうすれば　うまくいったのかを考え
自分の嫌なところを見なければいけない

他人や環境のせいにしていてはいつまでも気づかない
自分は悪くないと思っていては自分の行動をふり返らない

昔の私は本当に承認欲求が強く　自分の非を認めたくない
プライドの高い人間だった　自分が一番目立ちたかったし
中心でいたかった　嫉妬もたくさんしていた
人と自分をよく比べていたからだ
感情をすぐに顔や態度に出していた

「不機嫌です」と見るからにわかっただろうし
それを見た相手がどう思うかなんて知ったこっちゃない

他人にたくさん期待していたから
自分の思い通りにならないと
勝手に不機嫌になったり　ショックを受けたりしていた

察してほしい　思っているけど言いたくない
でも期待する人間だったから　素直になれず意地っ張り
柔軟性はなく固定観念の強い人間だったから
頑固で　石のように動かない

昔の私はそんなだった

でも　人が好きで　仲良くなりたくて　一緒に笑いたくて
愛してほしくて　逃げられない環境で
苦手な人や合わない人と関わらなくてはいけなくて

今の自分のままでは人とうまく関われない
今の自分のままではストレスで自分が辛いと気づいて
自分を変えたいと思った

自分が変われば　早い
他人を変えられないのならば自分が変われば良い

認められたいのなら認められる自分に自分でなればいい
何か起きたときに「本当に全て他人　環境のせいなのか？」
「１％でも自分の行動で変えられたことはなかったか？」「自
分ができることはなんだろう」と考える癖をつけた
日常でも「今の自分ができること」を考えた

人と比べていた時間を自分を見直す時間にした
嫉妬したらなぜ嫉妬したのかを考えた
自分の良いところを思い出すようにした

後に矢印が自分に向き始め
人に期待しすぎなくなった
そうすると不思議なことに不機嫌になることも減ったのだ

人は宇宙人ではないので言葉にしなければ伝わらない
伝えなかった後悔の方が大きいことを知り
自ら言葉にするようになった

自分にも間違っていることはあるし
もっと良くなりたいと思うと
人の話を素直に受け入れるようになり　聞けるようになった

たくさん変わったが　全て苦しいときを乗り越えたからであ
り
苦しくて逃げられない環境　壁が

目の前に来てくれたからである
合わない人　苦手な人と関わらなければならなかったからだ

そう思うと自然と周りの人や環境に感謝するようになった
感謝の気持ちが大きくなると　自分を変えてくれた
その人たちが大好きになり助けたい
支えたいと自然と思うようになった

この人たちが笑顔になれることは何だろう
この人たちが望んでいることは何だろうと考えると
「よし！　やるぞ！」となれた

笑顔を見ると笑顔になる
幸せだと喜んでくれると
自分も幸せな気持ちになり温かくなる

でも自分がしんどいときは
そういう気持ちになれないことも感じた
だからまずは　自分を幸せにしてあげないと
大好きな人たちも幸せにできない
下手したら傷つけてしまうかもしれないと思い
自分も大切にできるようになった

全ては苦しい環境や壁のおかげだ

だから　昔の自分にそっくりなその人が
どうすれば幸せになれるか
どうすれば今目の前に立ちはだかっている壁を
乗り越えられるかわかってしまった

わかっているから　助けなかった
助けられなかった自分がいたのだ

乗り越えるしかないから　でも乗り越えてさえしまえば
あとは幸せしかないことも知っているから
なぜなら今の自分は幸せだから

人それぞれ苦しいことも壁もちがう
苦しいことは嫌だ　逃げたくなる
逃げられる環境ならとくにそうだ

でも逃げても　必ず　その壁はまた目の前に来る
逃げて逃げて逃げ続けてもいつかまたつかまる

つかまったら　また同じ嫌な気持ちになり
傷つき　苦しむだろう

でも乗り越えてしまえば
同じことが起こってもへっちゃらだ
次の課題がきても

自分のレベルは一つ上がっているから強くなっているのだ

幸せになる為の道しか用意されていないと信じつき進む

私が久しぶりに感情を取り戻したことには意味がある

自分の感情をなくさないとやっていけないくらいまで追い込まれたこと
追い込まれた自分に気づけていなかったこと
何でも一人で解決してしまっていたから
何が合っていて何が間違っていたのかわからなかったこと

そのときの自分は「自己犠牲」がすぎており
自分よりも他人を愛しすぎたのだと今思う

自分を無視しすぎたのだ
自分の感情が邪魔だったのだ
自分に自信がなく本当の自分にフタをしたのだ

自分の成長の為にストレスや苦しいこと壁は必要だと
私は思う
しかし　自分を見失うほどの過度なストレスや過度な愛情は
時に自分を壊す

私は久しぶりに「誰かを嫌いになる」という感情を味わい

自然と出た自分の行動を目のあたりにし
人間に戻った気がした
失っていた何かを取り戻した気がした

追い込まれても良い
ただ追い込まれていることに気づくこと
自分で最終的に決めてもいい　でも人に相談したり
話したり　人の言葉に耳を傾けること

失うと失ったことにすら気づけなくなる
自分も大切に
自分は自分
自分は自分しかいない
ただ自分次第でどんな自分にもなれる

SECTION 4

大切なこと

① 出会う人には意味がある

私が思う「出会い」とは
自分に必要なことを教えてくれる為のものだと思う
なぜこの人に出会ったのか　なぜこの環境が用意されたのか
自分が望んだ未来の為に必要不可欠の人物であるから
自分に足りない何かを教えてくれる人であるから
忘れてしまった大切なことを思い出させてくれる人であるから
自分の幸せに必要な人であるから

出会う人も環境も　ワンシーンも意味があるから起こること
生きていて無意味なことなど一つもない
起こること　体験することには必ず意味がある

この人にはこれが必要だからこの人と出会う未来にしよう
この人はこうなりたいと望んでいるからこの環境を用意しよう

一つひとつの出会い　体験は必ずプラスに働き
自分を幸せの方に導いてくれる
起こることに「嫌だな」と思って目をつぶって逃げてしまうか
この出来事には何の意味があり　自分は何を学べるのかと

興味を持って挑むのかでは大きな差がある

もちろん楽しいことばかりではない
時には試練として前に立ちはだかる
逃げていてはいつまでも同じことでくじける
ゲームと同じである　嫌なことをどうクリアしていくか
クリアしたら　やっと次のルートに進めるのだ
私にはこれまでたくさんの出会いがあった
もちろん良い出会いばかりではない
むしろ８割が試練だった

しかし　逃げられない環境だったこともあり
全て受け入れ立ち向かってきた
クリアしてきたからこそ
同じ試練に何度も悩まされたことはない
似たようなことが起きても
一度攻略法を知っているから乗り越えられるのだ

逃げるから怖くなるということも知った
うまくかわすことと逃げることはちがう
自分にストレスがかからないように
うまくかわす術を学ぶことはすごく大切
学ぼうとするということは立ち向かおうとすること
目をそらしていては　学ぶことはできない

出会いは貴重

その出会いは自分を更に上に上らせてくれるかもしれない

その出会いは幸せな未来に繋がっているかもしれない

出会いは当たり前ではない

限られた時間の中で何億人といる人

何通りとある環境の中で巡り合った

その機会を逃すのはとても勿体なく惜しい

② 逃げるということ

「逃げる」ことも時には大切
自分を雑に扱ってくる人　環境
自分が楽しくない人　環境
自分の為にならない人　環境

自分が壊れてまで　そこに居続ける必要はないし
意味もないのに踏ん張る必要はない

覚えておくべきは
対人関係において自分と相手は鏡である
自分は相手の為に全力で向き合っただろうか
相手の行動を責める前に自分の行動はどうだっただろうか

攻撃してくる人に対して自分はどういう態度だっただろうか
攻撃するから攻撃される
攻撃されて自分も攻撃したり相手にしたりするから
更に攻撃してくるのだ

不思議なことに　寄りそえば寄りそってくれるのだ
多少の時間はかかるかもしれないけれども

本当に逃げるべきときは

自分は相手の為に全力で費やしたのに雑に扱われたり

大切にされていないと感じたとき

自分に必要がないことだったり

そこにいたいと思わないとき

自分の心が壊れてしまうと思ったときだと思う

そこにいたのに　大切なことなのに

まだ全力を出していないのに逃げるのでは何も解決しない

私は逃げられない環境が用意され

そこで合わない人と逃げられない関係になり

そこにいたければ立ち向かえと言われんばかりの状況が多

かった

例えば部活動　大学のクラス　就職先などだ

部活動を辞めて逃げる　大学を辞めて逃げる

職場を変えて逃げる

逃げることも可能だが　それよりも部活をしたい　大学に通

いたい　職場を変える方が大変でめんどうくさいと感じた

「そこにいたい」と自分の意志が決まったら

次は自分を悩ませている原因をどうするかだ

嫌だと思っていてはいつまでも自分はストレスを感じ続け

毎日悩む

だったら嫌だと思わない環境を自分でつくる　捉え方を変え

てストレスを回避すること
他人を変えることは難しいが自分を変えること
自分で動くことは可能だ

逃げることも大切だ
しかし自分がどうしたいかが最も重要
対人のせいで夢を諦めたり　自分を犠牲にする必要はない
自分で　現実を変えて　自分の気持ちを変えて
考え方を変えて　嫌いを好きにしてしまえば良い

人はあくまで人だ
感情で動くものであり　柔軟に変化する
敵も味方にしてしまえばいい

逃げることは楽で　簡単だが
その先に　同じことが起こったときにまた悩む
慣れてしまえば良い　大変な一瞬を乗り越えてしまえば
この先同じことが起こってももう悩まない

③ 全ては自己責任

この世界はけっきょくのところ自分が主人公であり
全てが自己責任である
全ての行動は自分の責任であり
自分でどうとでも回避　処理できる
全ての出来事は自分で引き寄せており
自分次第でプラスにもマイナスにもできる

○○のせいでこうなった
自分ではなく○○が悪い
だって○○がこうだから

他の人や環境のせいにしていては
いつまでも同じことが起こり
同じことを10年先も言っているだろう
他人や環境は変えられない　変えられるのは自分だけだ
他人を変えようとするより　自分が変わった方が何よりも早い

対人関係もそうで　自分次第でどうにでもなる
考える頭がある　どうにでも変えられる表情があり
何でも話せる口がある

失敗は怖いし嫌で恥ずかしいが
失敗を怖がって行動しなければ成功もない
自信がなければ自信を自分でつけていく
何回も何回も自分と会話して自分を変えていく

自分は自分だと頑固になるのと
自分の軸をしっかりと持つことはちがう
頑固は自分が悪かろうと変わった方が良かろうと
自分を貫き通し　意地でも変わらないことだ
自分軸とは　自分はどうしたいのか　どうあるべきなのかを
しっかりと自分で考えて行動することだ
与えられた環境　出会ってしまった人
それは変わらない現実だ
しかし　そこで自分がどうするかは自分次第だ
どう考えてどう動くか　嫌なことに直面したときに
どう捉えるかは自分次第だ

私は小さい頃から両親に
この世界は自己責任だと言われ続けてきた
最初は意味がわからなかったが
28歳になった今ではよくわかる

AとBでAを選ぶのも自分だ
誰かに言われたBを選んでも最終的に選んだのは自分だ
誰かに何かを言われても

相手にそう思わせないようにできたかもしれないし
そう言われるということは自分の行動がそう見えたのだろう

言いなりになったり
無理に自分の責任だと自分を責める必要はない
悪くないことを無理矢理飲み込む必要もない

疑問があるなら問えば良い
腑に落ちなければ反論したり　聞けば良い

「聞かない」という選択をするなら　それは自分の判断だ
自分で行動を起こすかどうかもけっきょくは自分次第である

④ 自分の感情を受け止めて素直に

素直になるのは「自分」と「相手」だ
素直になることは簡単なようで難しい
考えすぎ　変なプライド　自信のなさが
一番初めに思った自分の感情を隠し
年月や経験から学んで身についた知識　思考で
時には真逆のことをする

大切なのは一番初めに思った自分の感情　気持ちを
受け止めること
無視しないこと　なかったことにしないこと

何かをされて嫌だと思ったのなら
「自分は嫌だと思った」ということに気づくこと
嬉しく思ったのなら
「こういうことをされて今　自分は嬉しく思っている」
ということをしっかりと自覚すること

"感情" は何かなければ動かないし　一つではない
喜怒哀楽　その他　様々な感情があって当然であり
なくてはならない
そしてそれは　人それぞれちがって当たり前なのである

人は一人ひとりちがう
似ているところはあっても全くの別人である
一つの行為　出来事で
全員が同じことを思い　同じ気持ちになる方が難しい
人とちがうのは当たり前であり　そう思った自分の感情は
自分にしかない特別なものなのだ

自分の感情　気持ちをなかったことにしないこと
せっかく思ったソレを無視してしまうのはとても勿体ない
自分にしかないたった一つの気持ちなのだから

常に自分を客観視すると自分の感情が見えてくる
「あ、今自分はこう思っている」と自分で自分に問い
会話するのである
素直に自分の感情を受け入れ　自分と向き合った次は
その気持ちをどうするかだ
ポジティブ　前向きに思うことは大切だが
「ポジティブでなければならない」と思い込むのはちがう
嫌なことは嫌であり　マイナスな捉え方をしてもいいのだ
何か起きて　自分がマイナスに捉えたとしても
それは自分の感情であり　自分の考えである
そのときはいったん　自分の気持ちを受け止める
「あ　今自分はネガティブだ」と気づく　自分と向き合う

その後　少しずつ起きたことを見直して

ほんの少ししかないかもしれないが
プラスの部分を見つけ出せばいい
「起きたことの8割は嫌なことだったけど
2割は良いことだったな」
「残念ながら全てがマイナスだったな」でもいい

大切なのは 一番初めの自分の気持ちを受け止めること
その中から少しでも良い部分
プラスなことを見つけ出せるように見直すこと

自分の気持ちに素直になると冷静になる
冷静になると見えなかったことも見えてくる
ちがう角度から物事が見え ちがう考えができる

自分に嘘をつかないこと
自分は一番の味方であり一番の理解者でもあるのだから

SECTION

5

困ったとき
には

① 逃げても良いけど

私は基本的に嫌なことはしたくないし　苦手なことも多い
痛いことも苦しいこともできれば経験したくない
毎日笑っていたいし　楽しく好きなことばかりしていたい

でも逃げることはもっと嫌い　言い訳している時間
同じことで悩んでいる時間が一番何も解決しないし
先に進まないことを知っている
先に進まない　解決しない悩み
不安が一番自分がしんどくなるし　ストレスになる
嫌なことをしない為には「嫌だ」と思うことを減らせばいい
苦手なことは得意にしてしまえばいい

笑っていたいなら自分が笑っていられる環境を
自分でつくればいい
楽しいと思えるように
自分の気持ちを持っていけるようになればいいし
好きなことを増やせばいい

逃げてもいいけど　逃げ続けたら
できるようにはならないし　解決もしない
解決しないことはまた同じような壁にいつかぶつかる
そして同じように悩む

簡単ではない

簡単ではないから悩んでいるし壁にぶつかっている

何度もぶつかることは自分に必要なこと

でも解決してしまえば　得意になってしまえば

その後の未来は明るい　楽しいこと　好きなことが増え

悩んで不安に思うことが少なくなる

また新たな課題はきっとくるけど

乗り越えている分　自分は強くなっているし

できることも増えている

自分の人生は自分でつくる

自分の存在価値も　人からの信用　信頼も自分でつくれる

自分の環境も自分でつくる

ゲームの世界だったら負けたら終わり

失敗したらゲームオーバーだけど

やり直しがきくのがこの世界

成長できるのがこの世界

自分で自分の人生をつくれるのがこの世界

私は人間関係に悩み　対人関係が苦手だった

でも愛されたかった　笑い合いたかった

必要とされたかった　嫌われたくなかった

だから考えた　ぶつかった　向き合った　逃げたこともあった

たくさん失敗もしたし　経験もした
でも今笑っている自分がいる　人から必要とされ
愛されている自分がいる
他にも得たものが多い

まだまだ課題だらけだ
次から次へと出てくるし　ぶつかる
でもそれは前に進んでいるからだ
時には休んで　進めるときに進んで
時には後ろをふり返って
見逃していたものに気づいて拾いに行く
宝物はたくさん落ちているし　みがいてみたら宝物だった！
なんてこともある　それに気づけるか
何でもないものも大切にしていたら愛着がわいて宝物になる
かもしれない
何が良くて　何が悪いということも
何が正解で何が不正解かということも決まっていないのだ
決まっていないからこそ自分で自由自在に変えられる

② 「知らない」ことが
##　　トラブルになり不満になる

私は正社員のときに
雇っている側と雇われている側の中間にいたこともあり
お互いの意見をよく聞いていた
それぞれの不満が
お互いを知らないことから起きていることが多いなと感じた
また　私は人を雇ったことがなく常に雇われる側だったが
今働いているスナックで他の会社の社長の話を聞いていると
自分とは考え方がちがう感じがした

「知らない」「聞かない」「話し合わない」「思い込み」が
トラブルや不満になり　余裕のなさが視野を狭くして
「知らない」をつくるのだと気づいた

社長と従業員のトラブルのほとんどは
お互いのことがわかっていないから
従業員は"社長"という職業をわかっていない
社長が裏でどれだけ動いているか
お金をつくる　人脈を作るアイディアを出す　仕事をつくる
要はものの発端をつくる方法や大変さを知らないし
わからない
やったことがない人は

やったことがないことを理解できないし　わからない
わからないことは見えないし　察せない

社長は"従業員"のことを知らない
「知らない」「わからない」ということをわかっていない
社長はその会社のトップであり
経験年数がちがうからできることが多いが
従業員のレベルは様々で　社長ができると思っていることを
従業員もできるとは限らない
また　様々な従業員がいる
環境も性格もそれぞれ違う
家族がいる人
自分以外のことに時間を使わなければならない人
大丈夫ではないのに大丈夫と言ってしまう人
助けてと言えない人　笑っているけれど裏では泣いている人

家庭を持っていない人は家庭を持つ人の大変さはわからない
本音を隠してがんばってしまう人の気持ちは
何でも言えてしまう人からしたら理解できない

お互いがお互いを知らないこと
お互いがお互いを知ろうとしないこと
お互いがお互いに期待しすぎていること

一番大切なことは　お互いを知ろうとする気持ちと

素直な気持ちと少しの余裕

何かトラブルが起きても向き合おうとせず
逃げていたらいつまでも解決しない
逃げずに話し合いをしても
素直な気持ちでないとぶつかれない
ぶつかってもお互いを知ろうとすること
お互いの言葉に耳を傾けること
相手の立場になって考えることをしなかったら
解決にはならない

どうせわかってくれないから
どう伝えていいかわからないからまだ伝えられない
この思考は先延ばしにしているだけだ
気づいたときには手遅れになる
人が離れていき　仕事が回らなくなり　会社がつぶれる

言える環境や関係　言える時間がないと
従業員は社長に言うことはできない

また　余裕がないと見えるものも見えない
余裕がないと自分のことしか考えられなくなる
余裕がないと懸命な判断ができなくなる

お互いがお互いの立場でものを考えられるようになること

素直になること
お互いがお互いに感謝できること
わからないなら聞けばいい　その為の口があり　声が出る
人の思っていることなんてわからなくて当然だ
側にいるうちに聞かないと
いなくなってからでは遅い

会社があるのも従業員がいてくれるのも当たり前ではない
仕事があるのは　社長が仕事をとってきてくれるから
つくってくれるから
つくった仕事が回るのは従業員がいてくれるから

社長が社長の集まり等で意見交換をすることもあるが
違う立場の人　違う思考の人を相手にするのならば
その立場の人の意見を聞くことが
一番の解決への道のりだと思う
同じ立場の人同士が話し合いをしても
同じ意見しか出ないことが多い

③ 本当に強い人

どんなときも笑っている人ほど乗り越えた壁の数は多く
余裕がある人ほど自分で余裕をつくれるくらい頭が良く
優しい人ほど他人のことを考えられ
他人に優しくできるくらい強い

「あの人いつもヘラヘラしてさ」
なぜヘラヘラできるのか　あなたなら腹を立てることを
なぜその人は腹を立てないのか
単純に知らない　感じないということもある
でも　そんなこととっくに乗り越えたから
当たり前になっているから笑っていることもある

「あの人いつも遊んでさ　もっと仕事しなよ」
なぜ遊んでいられるのか　あなたがつくれないお金や時間を
その人はつくっている
単純にお金持ちだったり
計画性のない人である可能性もある
でも　その余裕を自分でつくっているのかもしれない

「あの人感情あるのかな　八方美人だよね」
人は感情の生き物で赤ちゃんは感情に素直
八方美人ができたり　人に合わせたりできる

赤ちゃんはいない
その人はたくさん乗り越えて　たくさん経験して
感情を抑えて　笑顔をつくれる強さのある人
どんな人も受け入れられる心の広さがある人

そう思ったら見方が変わらないだろうか

自分の感情に素直なことは良いことだ
喜怒哀楽あるのが人間だし
自分が「そう思った」ということは
大切にしなければならないと私も思う

しかし 感情のままに嫌われても良いからと　正しいからと
考えなしに行動したり発言したりする人と
相手に合わせすぎるのは良くないが
相手を嫌な気持ちにしないように考えられる人
自分のことだけでなく　相手のことも考えられる人と

どちらに人や運は味方するだろうか

④ 「焦り」をなくす

焦っても人生はタイミング
うまくいくときは何事もうまくいくし
うまくいかないときは何をしてもうまくいかない
「焦り」は視野を狭くする　正常な判断ができなくなる

焦ったらまずは深呼吸
一つのことに集中できる何かをする
「今の自分」に目を向ける
今したいこと　今必要なこと　未来ではなく「今」
自分はどう思っているのか　自分はどうしたいのか
自分の幸せは何か　他人ではなく「自分」
色々考えすぎていたり　一つのことに集中できず
あれも　これもとなっているときほど焦る
落ち着いたら自然と見えてくる　考えられるようになる

「なんでそんなに落ち着いているの？」とか
「年齢の割に落ち着いているね」と言われるが
落ち着いていないとまともな判断ができないことを知っているし　余裕がないと他人に優しくできないことを知っている
だから焦らない環境を　自分でつくって余裕を持てるようにしているのだ
余裕がないとがんばれない

がんばれないと元々苦手だった面が顔を出す

対人関係が苦手だった私はいくら克服してもたまに顔を出す
人と話すのが怖くなるし　目を見られなくなるときもある
嫌われるのではと怖くなる
そんなときは焦っている　落ち着いていない自分に気づいて
深呼吸をする
焦りは恐怖に繋がる　恐怖も焦りに繋がる
恐怖は足を止まらせる　自信をなくさせる

私は未来への恐怖があった　お金がなくなる恐怖があった
そのときは進むのが怖くなったし　何もできなくなった
朝が来るのが怖かったこともある
でも決まっている未来なんてないし
自分でどうにでもなるのではと思えるようになった

お金が減るからと逃した　我慢したことが
いつでもできるとは限らない
太るからと食べなかったものを
いつまでも食べられるとは限らない

そもそも不安に思っている
恐怖を感じている未来が自分にあるとも限らない
明日死んだら
やっておけば良かったと　食べておけばよかった

買っておけばよかったと思わないだろうかと

今に集中すると
一つひとつ丁寧に物事ができるようになった
今が大切だと思うと一日一日を貴重だと思えるようになった

大切なこと　貴重なもの　人が増えると
自分の一言や一つの行動に気を配れるようになった

その言葉で相手がどう思うか
考えてから発言できるようになった
その行動は他人にどう思われるかを考えたら
やるべきこと　やってはならないことがわかるようになった

大切な人にしかしていなかったことも
やっているうちに癖になったり習慣になったりする
そうすると自然と他の人にもできるようになる

SECTION 6

この世界に
おいて

① 与える（Give）が先

けっきょくのところ
この世界は与えたものしか返ってこないし
与えなければ何も返ってこない

人に優しくされたいと願うのならば自分が人に優しくする
人に信用されたいと願うのならば自分が先に信用する
人と仲良くなりたいと願うのならば自分から歩み寄る

返ってくるものが100％とは限らない
ときには０かもしれない

それでも１％でも愛が欲しいのならば
自分から愛を与えなければ必ず０である

逆にマイナスのことも返ってくる

自分が相手の悪口を言えばどこかで悪く言われる
自分が相手を利用しようとすれば
いつか巡り巡って自分も利用される
自分が誰かをいじめれば　何年か後に絶対返ってくる

同じように返ってくるならば　どちらがいいか

② 類は友を呼ぶ

この世界において引き寄せる力はやはり強い
今の自分と同じような人が側にいて
今の自分と同じような環境が用意される

自分の周りの人は自分の鏡であり　それこそ今の自分なのだ

今の環境　つき合う上司や人間関係を変えたければ
自分が変わることだ
自分が変わることで近づいてくるご縁も自然と変わる
こんな人になりたい　こんな環境にいたいと願うのならば
自分がそうなる努力をすればいい
自分が理想に近づけるように動けばいい

離れていくご縁を追いかけなくていい
追いかけても　すがっても　離れていくことには意味がある
無駄である

自分が成長したから変わることもある
相手が成長したから変わることもある

もし自分が成長して変わったならば
その事実を受け止め前を向いて進めばいい

相手が成長して変わってしまったならば
自分も負けじと成長すればいい

一度離れても必要なご縁ならば必ず　またどこかで巡り合う

③ 捨てると入る

この世界はうまく回っていて捨てなければ入ってこない

私は友達関係において「グループ」というものに
とても執着していた時期がある
友達も多ければ良いと思っていた

しかし　グループを手放したとき
私は一人の楽さや強さを手に入れ
気が知れない友人を全て切ったとき
本当に心許せる友人を手に入れた

そのときに考え感じていることが全てではないと思った
無理に他人に気をつかい　つくった笑顔
落ち着かない環境で過ごすことが全てではない
そこだけが存在しているわけではない
見えていないだけで　もっと自分に合った環境や人がいる

手放すのは怖い
見えない未来を信じて一歩踏み出す勇気はなかなかのものだ
しかし　手放さないと入ってきてはくれない
スペースをあけてあげないと入りたくても入れないから

自分の直感や違和感は良くも悪くも当たる
今いる場所がどう考えてもどう捉えても
自分がどう動いても居心地が悪いと感じるのならば
思いきって捨ててみる

自分の頭の中で執着しているもの ゆずれないもの
頑固なプライドを手放して開き直ってみる

そうすると不思議なことに
今まで見えていなかったものがたくさん見えてくる
今まで手に入れたくても手に入らなかったものが
いとも簡単に手に入ったりする

自分に素直になることと少しの勇気で変わる

④ 遠回りしただけ強くなる

誰よりも速く
誰よりも正確に
誰よりも真面目に
ゴールにたどりつくことが全てにおいて良いとは限らない

たくさん遠回りし　たくさん寄り道をした人は
遠回りしたからこそ見つけられた何かがあり
寄り道したからこそ身につけた武器がある
たくさん失敗してたくさん悩んだ人は
失敗したからこそわかったことがあり
同じように悩んでいる人の気持ちがわかる

本で調べたり　勉強したり　誰かに聞くことも大切であり
貴重なことだがやはり経験が全てである
経験することで 必死に自分の頭で考える
経験したことは自分の強さとなる

どれだけ知識があり　能力があり頭が良い人でも
実際に直面し立ち向かい乗り越えた人には敵わない

例えばいじめられた人にしか
いじめられたときの本当の悲しみはわからない

実際に経験した者は　同じ立場の人の気持ちがよくわかる
実際に経験した者は　同じ状況になったときに
乗り越え方がわかる

速く正確にそこにたどりつくことはかっこ良いかもしれない
でも 遠回りをし失敗をした者は
その分強くなってゴールにたどりつく
その強さは　遅れた分を瞬時に取り戻し
何倍もの成果を出すだろう

⑤ 決めることが未来に繋がっていく

「今の自分」というのは過去の自分の積み重ねである
今の自分に見えているものは
今までの自分が経験し歩んできた財産である
例えば体型　言葉　思い　考え方　周りの人　環境

今の自分に見えていないものは未来からの贈り物である
例えば直感　違和感　やってみたいと思うこと
やらなければと思うこと

しかし未来からの贈り物は決めなければ贈られてこない
自分が将来こうなりたいと願う　こうなると決めると
そうなる為のチャンスや環境が用意される
そこにたどりつく為の道筋が
直感や違和感という見えないものとして贈られてくる

「こうなりたい」と願って
そうなる為に足りないものがあれば
足りない何かをわからせてくれる環境が用意されたり
出来事が起こる

全ての出来事は自分が決めたこと
願望の実現の為に起こることであり必要なことである

望んでいいし　自分の未来を決めて良い
幸せになる未来を願っていい
必ずその為に必要な贈り物が届くから

⑥ 全ては自分でつくる

自分の居場所は自分でつくる
自分の存在価値は自分でつくり証明する

「住めば都」という言葉があるが都にするのは自分である
逆に言えばどんな場所でも都にできる
自分が生きやすい環境を自分でつくる

認められず苦しんでいるのなら
認められるように努力すればいい
人間関係で苦しんでいるのなら　どうすれば良くなるか考え
学んで実践してみればいい
納得できないことがあるなら声に出して伝えていけばいい

自分の存在価値というのは自分でつくり出せる
職場にしろ　何かのグループにしろ
そこで必要不可欠な人になればいい

例えば一番になること　一番の人間　トップの人間
その環境に利益をもたらす人物を手放そうとする人は
よっぽどのことがない限りいないだろう

一番になるしか方法はないのか

他にもある

私は全てにおいて一番になれたことはない
私がやってきたことは
その環境において足りないものをおぎなえる存在だ
そのときの状況　人を見て　ないもの　必要だと思うもの
穴を埋めることができる存在

時に同じ場に二つの存在はいらないこともある
盛り上げ役がいるのなら自分が盛り上げ役になる必要はない
ボケが多い環境で必要なのはツッコミだ
厳しく言える人がいるのに自分まで厳しく言う立場だったら
なだめる人がいない

そのとき　その環境で自分がどの役割をするか
アニメやグループを見てみても　それぞれにキャラがあり
全員にちがった役割がある
全員が赤レンジャーではないし
全員が真面目メガネキャラというアニメもない

自分の存在価値をオールマイティーにこなす
キャラを変えると言っているわけではない
状況や環境　一緒に働く人の特徴を把握して
足りないところ　できないことをおぎなえる存在になれれば
必要不可欠な人物になれるということだ

人には得意不得意がある
人には性格があり感情がある

それを少しでもサポートしてあげられたら
自分を助けてくれる人を見捨てる人なんていないだろう

SECTION **7**

心にとどめて
おくこと

① 良い連鎖をつくるべし

私が人と関わるときに思い出すのは
「負の連鎖は負をつくり出す」という言葉だ

自分がイライラしていてお店の店員にイライラをぶつけたら
理不尽に怒られた店員もイライラし
家に帰って妻にやつ当たりをした
やつ当たりをされた妻はイライラし子どもにぶつけた
翌日子どもは同級生とケンカした
理由を聞いたら家で母に怒られたからだと言った
という話だ

自分の機嫌は他人に関係ない
関係ない人に当たり散らすことで
自分はスッキリするかもしれないが相手はどうだろうか

この世界は自分だけではないのだ
そして全てが繋がっている

自分の機嫌を表に出す人ほど　自分のことしか考えていない

私はこの話を聞いてから逆の人間になりたいと思った
「笑顔や幸せを連鎖させられる人間」

「負をくい止められる人間」
店員さんだろうが　知らない人であろうが
笑顔や感謝の言葉で嫌な気持ちになる人はいない
相手がイライラしていても
少しでもその負の感情を取り除いてあげられたら
そこで連鎖は止まる

幸せをつくり出し　連鎖させられる人になれたら
更に幸せが広がるのではないか

② 相手の立場になって考えるべし

言葉一つ　その言葉を言われたら自分はどう思うか
行動一つ　その行動を相手はどう思うだろうか
目線一つ　あいづち一つ　声の大きさ一つ　表情一つ
聞き方　話し方　言葉づかい

自分がされて嫌なことはしない
自分がされて嬉しい方を選ぶ

丁寧に集中して
雑に扱われたら私は悲しいと感じる
真剣に話を聞いてくれたら私は嬉しい

自分がされて嬉しいことが相手も嬉しいとは限らないが
自分がされて嫌なことは
大抵相手も嫌だと感じることが多いだろう

「自分だったら」と考えるだけで
どう相手と接したらいいかがわかる

自分が一人の人間であるのと同じで
相手も一人の人間であることを忘れてはならない

③ 感謝するべし

何か起きてもプラスの面を
良かったところを見つけ出せるように
自分の脳をつくり上げる
常に起こったことの意味を考え
プラスなこと　良かったことを考えるだけで幸せ脳になれる

感謝する　できるところを見つける
無理にとは言わないし
感謝できることがない場合も　もちろんあるが
見つけようとすることが大切である

ないものを求めるとないことにばかり目がいって苦しくなる
そういうときは今自分の周りにあるもの
いてくれる人に目を向ける

良い意味で期待しない
うまくいったらラッキーくらいに思っておくと
うまくいかなくても落ちこまない
だが　うまくいくように最善をつくすのは忘れてはいけない
最善をつくしていないのにうまくいくことはほとんどない

全てはキセキでできていて

当たり前なんてものは存在しない
側にいてくれている人が
いつまでも側にいてくれるとは限らない
ちゃんと目を向けて　感謝する

失ってから後悔しても遅いのだ
しかし人は失ってからでないと
そのありがたみを感じられないことが多い

伝えられるときに伝えること
やれるときにやること
後悔しない為にも

さいごに　〜メッセージ〜

楽しいが最強

何よりも一番強い力を持っているのが「楽しむ」ことだ
けっきょくのところ　自分が好きで楽しいと
心の底から思っていることに敵うものはない

人からがんばっていると言われても
楽しくて夢中になっていることに関しては
本人はがんばっていると思わないのだ
本人は遊んでいるかのようにその物事を進めていく

最初から楽しいと思えるものもあれば
数を重ねて　年月を重ねて　最初は楽しくなくても
深く追究していった結果　楽しくなることもある

私にとって「人」は追究していくにつれ沼にハマリ
楽しく　夢中になったものだ

最初はそれこそトラブルが多く
信じられなくなり　怖くなり　裏切られ

たくさん泣いてたくさん悩んで
好きには程遠い存在だったと思う。

しかし　どうすればトラブルがなくなるか考え
勉強し　実践し　失敗し
時にはうまくいっても自分を見失い
やっと自分も相手も愛することの大切さがわかった

私は今「人」が好きであり　一番興味深く
まだまだ追究が止まらない
この人はどういう人で　何が好きで何を感じて
どういう考えで生きているのだろうと

私は今「スナック」という場で働いているが
ここは人を知るとても良い学びの場である
お金の為というより経験の為に働いている

まだまだ失敗もする
怖くなるときもある
でも　ワクワクの方が勝ち　毎日ちがった景色
毎日ちがった感情で始まり終わる
終わりや正解はないのだ

一人ひとりちがうのが人間
一日一日ちがうのが人間

一時間ごとにちがうのが人間

好きなことも嫌いなこともちがう
考え方や感じ方もちがう

経験してきた環境やつき合ってきた人もちがう
誰一人として同じ人はいない

自分は自分で良いし　人とちがって当たり前
自分が人とちがうように人も自分とちがう

自分という一番の味方を愛し
周りの人を知り受け入れようと努力する

幸せになる為に生まれてきた

全ての人のゴールは幸せである
その為に色々な試練があり　難問があり
乗り越えていく壁が立ちはだかる

自分が望んだ幸せな未来の為に全てのことは起こっている
もし今が苦しいのならば、それは幸せになる為の壁であり
それを乗り越えたとき必ず成長し上にいくものである

起こることの意味を一つひとつ意識する　疑問を持つ
全てが当たり前ではなく偶然でもなく必然である

既にある幸せや宝にたくさん気づいていく
一つも宝がない人なんていない
周りを見渡したら気づけていない宝が落ちている

もし自分が不幸だと思うならば
世の中を見渡してみてほしい
自分がどれだけ恵まれているかわかるから

全ては自分で変えられる
捉え方を変えれば見え方が変わる
来世は人間とは限らない
だから人間として動ける今を全力で楽しむべきだ

大丈夫　みんな幸せになる為に生まれてきた
自信を持って　立ち止まっても　後ろを向いてもいいから
少しずつでいいから上を向いて歩いていれば
必ず　光が見えるよ

この人生ゲームのゴールは幸せになることだ

私のこと

私が「人」に執着するのは
「嫌いな人をつくりたくない」からだ
その理由として
私自身が人に嫌われたくないということと
愚痴を言ったり　ネガティブな気持ちになったりしたくない
からだ
自分が相手を嫌いになってしまったら
相手から好かれることはほぼない
嫌いな人とは距離をおきたくなるだろうし
言葉もきつくなってしまうだろうし
笑顔で話したり　助けたりできる自信は私にはない

でも好きな人とは話したいと思うだろうし
優しい言葉　笑顔で話せるだろうし
何かあったときに助けたいと思える
だったらみんな好きになってしまえば
自然と好きな人への対応ができるのではないかと考えた

また嫌いな人と離れられる状況なら良いが
私は上司や先輩から逃げられないことが多かった
毎日嫌だなと思って出勤するくらいなら
相手を好きになってしまおうと思った
愚痴を言うと余計嫌いになるし

ストレスを抱える方が自分の心がしんどかった

好きになる為に　ねばってでも

その人の良いところを探したし

尊敬できるところを見つけられるように

よく見るようになった

見つけられると不思議と嫌いが好きになった

苦手だった人とも打ちとけられるようになったし

人は見た目や表の姿が全てではないと思えるようになった

好きになると　自然と話す回数が増えた

関わっていくと　相手も打ちとけてくれて　仲良くなった

仲良くなったら　嫌いな部分よりも

好きな部分がたくさん見えるようになった

結果　最初苦手だった人　何かされて嫌いになった人も

好きになったし　大切になった

嫌だなと思って出勤することがなくなり

ストレスを感じなくなった

自分のことを好いてくれていないかもと思う人と

仲良くなりたい人は少ない

自分のことを好いてくれていると思える人とは

自然と距離も近づく

私は人と仲良くしたいから自分から近づく

私は小さい頃から「人」については敏感だった

人に悩まされたり　悩ませたり　傷つけたり

傷つけられたり　思い出すものは全て「人」との思い出
関わってくれることが嬉しい
笑ったり話したり遊んでくれることが幸せ
それ故にすぐに信じ　すぐに好きになった
嫌われたり裏切られたりすることは辛くて悲しい

人が好きで
自分を見失ったことやある人に合わせていたこともある
しかし　少しずつ自分を大切にすることを覚えた
全員に好かれなくてもわかってくれる人だけで良い
偽りの自分で好かれると
もっと本当の自分を出しづらくなること
最初に偽ってしまうと　ずっとこの先も
偽りの自分で接していかなければならないこと

今でも人に嫌われたくない
できれば平和に過ごしたいことは変わらないが
自分を見失ったり　人に合わせすぎることはなくなった
嫌いな人や苦手な人が減ったから
自分がストレスを感じることが減って
心がしんどくなくなった

愛されたかったから人を愛した
自分にも人にも愛を与えられる人間に

人はみんな人である
自分と同じ人である
自分も大切な人であることを忘れないでほしい

幸せが2倍になる

私の職場は　助け合い精神と
そこの社長が好きで働いている人が多かった

社長が好きで働いている人は社長の為に働く
社長が大切にしている会社を大切にする
自然と社長の為にお金をつくりにいくし
会社の為に助け合う

一緒に働いている人や周りの人を味方だと
チームだと思えるかどうか
そういう環境であるかどうか

自分の為にがんばることは大切なことだけど
いざというときに強さを見せたり　踏ん張れるのは
人の為の行動や人のための感情

自分の為の行動には限界がある
自分がここまでで良いなと思えば

そこで立ち止まってしまう
がんばる理由がないからだ

でも人の為なら終わりがない
大切な人の為にがんばったとき　相手は喜ぶ
喜んだ相手を見て自分も嬉しくなる
幸せが2倍になる

ただみんなにできるわけではない
そう思える人ができる
そう思える環境に出会う

そう思える人たちに出会えた私は幸せ者だ
人の為にがんばる楽しさを教えてくれてありがとう

それでも人が好きだ

私は人とのトラブルがつきなかった
でも人が好きだった　人に愛されたかった
自分が好きだった　自分を見てほしかった

人が好きすぎた
自分も好きすぎた
人に期待しすぎた

人に裏切られた
人を信用できなくなった

人に愛されない自分が嫌いになった
自分を出せなくなった
本当の自分を隠した

人を観察した
人に合わせすぎた
自分を見失った

本当の自分を取り戻した
自分が好きになった
人に愛されている自分が好きになった
本当の自分を出したらもっと人に愛された

この本は　人が好きで人に嫌われても
人から愛されることを諦めきれなかった女の

人と向き合い
自分と向き合い

人生は人でできていると知った
27年間の物語

人生は一度きり
人生において　人との関わりは必ずつきまとうものであり
切っても切り離せないものである

悩みの多くも「人」であり
幸せの多くも「人」である

人との関わり方を変えたら人生が変わった
人が私を変えてくれた

人と関わっていくと　人の奥深さを知った
人っておもしろい　もっと知りたいから始まり
人が大好きになった

海外で得たもの

１年間の海外での仕事
私は自分と一つの約束をした
「本当の自分で過ごすこと」
自分を偽わらないこと、素直に自分の心と対話すること
どうせ嫌われても
半年間という限られた時間であり国もちがう

仕事をする上で日本人を含め様々な国

年代の人と関わった
いつもなら相手の顔色をうかがうところでもうかがわない
いつもなら口を出さないところでも納得いかなければ言う
いつもなら100%聞き役になるところでも自分の話もする
相手が喜ぶだろうなと思う言葉も
言いたくなければ言わない
これでもかというくらい自分を表に出した
私は私だ　これが私だと

仕事をする中で大半の人がさぼっていても　私はやる
なぜなら　私はやりたかったから
仕事は仕事として　しっかりしたかったから
これは私の気持ちであり　意見だ

流されない　常に自分と対話した
自分はどうしたい？
大半の人がAと言ってもBと思えばBと言う
Aの意見を聞き納得したらAになることもある
自分を貫き通しすぎて相手の意見を聞かないのとはちがう
「話し合い」をするのだ
Aかもしれないと思ったのに
いつまでもBと言っているのもちがう
そこにプライドや頑固さはいらない

そしてAの人を無理矢理Bにしようとしない

過度に期得しない
一緒に協力し合えたら一番良いが　そううまくもいかない
「Bは私だけでもいい」そのくらいの強さも必要である

いつもとちがう私
優しすぎない私

もちろん嫌われた

しかし私の行動を見て　言葉に影響されて
ついてきてくれた人もいた
お互いに支え合えた人もいた
「本当の仲間」を手に入れたのだ

本当の自分でいると嫌われることもある
文句を言われたり　一人になることもある
しかし　その分　心から繋がれる
裏表のない純粋な本当の仲間を手に入れることができる

私が感じたこととして
愛の大きさと数は限られている
多くの人に均等に愛を与えるとなると
一つの愛は小さかったり浅かったり
薄かったり中途半端になってしまう
限られた自分の本当に大切な人だけに愛を与えるとなると

大きく　深く　濃い愛を与えることができる

私はずっと心からわかり合える仲間が欲しいと思っていた
たくさんの人から愛されてもどこか自分が自分ではなく
「薄いな」と感じていた
本当の愛を受け止るには
まず自分が「本当の自分」を表に出すことが大切

そして本当に見ていてくれる人を大切にすること
言葉よりも行動を見ていてくれる人
そして愛を返してくれる人

外国で手に入れた仲間だが　全員日本人だ
国や年齢は関係ない
自分と合う人はどこにでも存在しており
全ては自分次第である

外国に行って感じたことは
日本人の気をつかったり
自分だけでなく人の気持ちも大切にするところ
人の目を気にしたり
人の顔色をうかがいすぎてしまうところは
悪いことではないし
なかなかできない素晴しいことだとわかった

私は日本人でよかったと思ったし
改めて日本の良さを知ることができた

日本人は日本人であることに
もっと胸を張るべきだと思った

著者プロフィール

今池 あすか（いまいけ あすか）

1995年生まれ、静岡県出身。
4年間の養護教諭、3年半のスナック、1年間のワーキングホリデー生活を経て、今は再び日本で養護教諭に戻る。
幼少期は人見知りで人との関わり方がわからずどこに行っても人間関係に悩まされてきた。
自己犠牲ばかりしていた頃もあり自分がわからなくなる。
でも人が好きでどうしても仲良くなりたくて、人について考え実践し経験し時には失敗し、人と自分を愛し愛されるようになる。

他人と自分　両方を愛して愛される方法

2024年3月15日　初版第1刷発行

著　者　　今池 あすか
発行者　　瓜谷 綱延
発行所　　株式会社文芸社
　　　　　〒160-0022 東京都新宿区新宿1−10−1
　　　　　　　　　電話 03-5369-3060（代表）
　　　　　　　　　　　　03-5369-2299（販売）

印刷所　　株式会社フクイン